José Maria Eça de Queiroz

# DIE ROSE

Aus dem Portugiesischen
von Ulrich Kunzmann
Mit Fotografien von
Marion Nickig
Insel

Portugiesischer Originaltitel:
As Rosas

Erste Auflage 1997

Bezugspapier: Foto von Marion Nickig
Satz: Hümmer GmbH, Waldbüttelbrunn
Schrift: Linotype Sabon
Druck: MZ-Verlagsdruckerei GmbH, Memmingen
Printed in Germany
ISBN 3-458-19177-1

# DIE ROSE

# I

Wir sind im Monat Mai – und deshalb sollte man über Rosen reden. Als es in der Dichtkunst wie in einem wohlgeordneten Reich noch Klassen und Regeln gab, war es die ehrwürdige und leichtblütige Zunft der Frühlingspoeten, die in diesen frischen Jugendtagen des Jahres mit freudigem Herzen und beschwingten Versen pünktlich die Ankunft der Rosen feierte. Gleich dem alten Silvanus schweifte in jenen arkadischen Zeiten der Dichter ständig auf Höhen und in Wiesengründen umher, achtete allein auf die einfachen und handgreiflichen Schönheiten der Erde. Heute, da eine die Klassen durcheinanderwerfende Anarchie herrscht, hat der Dichter sich der menschlichen Seele bemächtigt und aus ihr die Philosophen vertrieben, die dort seit Platon erbliches Wohnrecht genossen; und gerade der Dichter knüpft nun das Netz der Psychologie und schürt die Glut der Metaphysik, aus der so dichte, so verschlungene Rauchwolken aufsteigen... An den traditionellen Orten der Poesie, auf den Auen, an den Quellen, in den Schatten, findet man keinen

Dichter mehr. Sie alle haben sich in der Seele verkrochen.

Und in diesem Jahr des Heils 1893, in diesem Monat Mai, der solch lieblichen Glanz verströmt, war es ein Gelehrter, ein Sprachwissenschaftler – er unterrichtet als Professor an der Universität Aix und hat *Die Normannische Phonetik* sowie *Die Funktionen des Buchstabens C in den romanischen Sprachen* geschrieben –, der, weil sich hierfür keine Dichter fanden, die Rosen in einem gewichtigen, fünfhundert Seiten starken, mit Anmerkungen reich versehenen Band feiern sollte, worin er alle Verwendungszwecke der wunderschönen Blume im Lauf der Zeiten schilderte: in Dichtung, Architektur, Gottesdienst, Mystik, Arzneibereitungs- und Kochkunst! So eignet sich die Wissenschaft allmählich die wertvollsten Aufgaben der Poesie an. Nun sind es die Astronomen und nicht die Dichter, die ihre Träume mit Mond und Sternenstrahlen verbinden. Und es ist ein alter Philologe, der einen bukolischen Ton anschlägt und den Ruhm der Rose preist.

Sie verdient es wirklich, besungen zu werden, weil es nie eine andere Blume gab, die einen herrlicheren

Triumph errungen hatte. An allem, was den Menschen tief berührt, Liebe, Religion, Krieg, Gesetz und Tod, war immer die Rose beteiligt – und die ganze Kultur wird von ihrem Wohlgeruch durchdrungen. Trotzdem gehört sie nicht wie die Lilie oder der Lotos zur hohen Blumenaristokratie. Ihre Adelstitel, ihre hundert Blütenblätter, sind noch jung – und in Indien, am Rande des Himalaja, gibt es Fürsten, deren Stammbäume weiter zurückreichen als jener der Rosen. Die Weden erwähnen sie nicht; und die Arier, die für alle Kräfte und Gaben der Natur so empfänglich waren, hätten die Rose gewiß in ihre heiligen Hymnen und ihre Rituale einbezogen, wenn sie im glücklichen Tal von Septa-Sindhu geblüht hätte. An den Monumenten des alten Ägypten, auf denen die Schreiber sorgfältig die gesamte pharaonische Flora einmeißelten, entdeckt man den Rosenbusch nicht unter den Sträuchern, die vom heiligen Nilwasser genährt wurden. Auch die alten Hebräer kannten die Rose nicht in den frühesten biblischen Zeiten, wenigstens nicht bis zur Babylonischen Gefangenschaft; und wenn Rachel und Rebekka sich mit Blumen schmückten, so nahmen sie Anemonen und jene roten Lilien auf dem

Felde, so daß Jesus später meinte, sie seien prächtiger und reicher gekleidet als König Salomo in all seiner Herrlichkeit.

Mit Homer erscheint die Rose in der griechischen Welt. Doch das ist noch die plebejische, fünfblättrige wilde Rose, die in Hecken wächst. Homer selbst schildert sie nicht als eine schöne, sondern nützliche Blume – als eine bescheidene Heilpflanze, aus der jenes Öl gewonnen wurde, womit Aphrodite in der *Ilias* den Leib Hektors salbt. Und erst mit Pindar, Archilochos und dem erhabenen *Hymnos an Demeter* tritt die nun schon vollkommene Rose mit ihren hundert Blütenblättern, ihrem ganzen Duft und vielen ihrer Dornen wirklich in das Leben der Menschen und Götter ein und beginnt ihre wunderreichen Abenteuer.

Eines der ersten war, daß sie die Farbe wechselte. Ursprünglich – als die Rose an den wonnigen Gestaden Kytheras unter den Füßen der Aphrodite geboren wurde, die in diesem weihevollen Augenblick aus dem Wellenschaum auftauchte und das Land betrat – war sie weiß wie die Füße, die sie emporwachsen ließen. Das Blut der Aphrodite färbte sie erst später rot, eines Abends, da die Göttin in Syrien ihrem schönen Adonis zu Hilfe eilte, den (der stets rohe und grausame) Ares bedrohte, und sich den Fuß an den Dornen eines Rosenstrauchs stach. Das bedauernswerte Ereignis wurde von vielen Göttern bezeugt und in den Hainen am Olymp hierauf Hesiod, Bion und anderen Dichtern erzählt, die diese Geschichte sogleich in indiskreten Versen auf allen Ionischen Inseln verbreiteten. Die Rose, die also geboren wurde, weil Aphrodite ihren göttlichen Fuß auf die Erde der Menschen setzte, und die sich durch das Blut der Göttin rötete, blieb ihre wie eine Tochter innig geliebte Blume.

Die Zuneigung der Aphrodite zur Rose wurde unverzüglich von den übrigen Göttern geteilt – für die der Göttin Vorlieben immer höchste Richtersprüche waren. Und sie liebten die Rose wirklich so sehr, daß sie in einem Tal Phrygiens jenen unvergleichlichen Garten schufen, den man ›Garten des Midas‹ nannte, in dem nur Rosenbüsche wuchsen und der mit seinem übernatürlichen Wohlgeruch die ganze heidnische Antike durchduftete. Aus Gold war der ihn umschließende Zaun, und die Kabiren hatten auf die Wege, die sein dichtes Gesträuch teilten, Korallen- und Diamantenstaub gestreut. Mit solchem

Eifer pflegten ihn die Götter, daß Dionysos niemandem die Arbeit überließ, die Pflanzen des seligen Lustgartens zu gießen. Und bevorzugte Dichter wie Anakreon und Properz konnten oft, wenn sie im Mai ein Mittagsschläfchen hielten, den großen Gott der Weintraube, den Eroberer der Indischen Lande, mit einer goldenen Gießkanne in den mächtigen Händen sehen, wie er den Rosen ein wunderbar reines Wasser zu trinken gab, das die Najaden von der Kastalischen Quelle herleiteten. In diesem Garten pflückte Aphrodite die Rosen, die sie gern jenen vollkommenen Sterblichen schickte, in die sie sich bei ihren Spaziergängen auf den ländlichen Höhen von Hellas jählings und wahnsinnig verliebte. Im Garten des Midas geschah es auch, daß sich der aus Thrakien kommende Silen jenen schrecklichen Rausch antrank, der hundert Tage dauerte, und er einem solch anstößigen Wahn verfiel und sich mit solch geilem Ungestüm auf die Göttinnen stürzte, daß Ares und Hermes ihn, der rot vor Wut schäumte, an den Stamm eines dicken Rosenstrauchs fesseln mußten, und das mit purpurnen Stricken, die noch der alte Herodot gesehen hat. Gelegentlich stieg Zeus ganz ungezwungen, ohne Adler oder Blitzstrahl, in diesen irdischen Garten hinab – und dort flüsterten ihm Hermes und Ganymed die Namen und Wohnorte der schönsten Jungfrauen Griechenlands und Asiens zu. In der Stunde des Morgentaus kamen auch die neun Musen und flochten dort ihre Rosenkränze. Und dieser Garten übte einen derart weitreichenden Einfluß aus, daß auf dem ihm benachbarten Berg Bermion niemals Winter herrschte; die wilden Lilien blühten selbst im Januar, und die Hirten, die an seinen Hängen das Vieh hüteten, bewahrten ihre Jugendblüte bis zum hundertsten Lebensjahr.

## II

Diese glückselige Blume, die solcherart von den Göttern bevorzugt und verherrlicht wurde, gewann sehr bald die Verehrung der Menschen. Der gelehrte Autor der *Geoponica* führte in dieser ›Abhandlung über die Landwirtschaft‹ als erster das botanische Prinzip ein, daß die Rose göttlicher Natur sei. Und bald rief Anakreon gerührt: »Was wäre die Menschheit ohne die Rose?«

Die Menschen jener Zeiten banden schon Rosenkränze und -girlanden. Und Janus (der mit den zwei Gesichtern), dieser wohltätige Kulturbringer, war es, der die entzückende Kunst erfand, Blumen zu pflücken und zusammenzustellen. Doch erst eine gewisse Glykera, die Blumenbinderin des Kyros, kreierte den ›Strauß‹, den wirklichen, von Bändern zusammengehaltenen Strauß, den Liebesstrauß, den Feststrauß, das schreckliche ›Bukett‹, das sich in den kultivierten Sitten so despotisch durchsetzte und das durch den hohen Preis, den die Blumen erreichten (vier auf Drähte gespießte und von einem Bindfaden zusammengehaltene Rosen kosten sechzig Francs in

Paris), das Budget eines höflichen Mannes zerrüttet und vernichtet! O Glykera, du fingerfertige Blumenbinderin des Kyros, warum hast du die Blumen nicht dort gelassen, wo sie am glücklichsten waren, an ihren zierlichen Stielen, von Zephyros – dem Sohn der Aurora – gewiegt?

In jenen glückseligen Zeitaltern wurden Blumensträuße wenigstens nur den Göttern dargebracht. Und das so reichlich, daß der alte Pausanias (nicht der Sieger von Plataiai, sondern der andere, der die *Beschreibung Griechenlands* verfaßt hat), als er nach Thalamai in Messenien reiste, um eine berühmte Statue der Ino (die eine Meeresgöttin war) zu besichtigen, nicht deren Formen bewundern konnte, weil sie bis zu den Schultern in dichten Rosenhaufen versunken war.

Die Kulthandlungen in Griechenland und Italien entfalteten ihre Pracht in der verschwenderischen Fülle der Rosen. Rosen umgaben die Bildnisse und bedeckten die Altäre. Rosen bekränzten die Auguren und die Oberpriester. Rosen auf dem Rücken und an den Hörnern der Opferstiere. Rosengewinde reichten von einer Säule zur anderen und überzogen den blassen Marmor mit rosigem Glanz.

Bei dem ›Rosalia‹ genannten Fest, das der Venus an den Kalenden des Mai geweiht war, brachten alle Kurtisanen Roms, die sich in gelbe Schleier gehüllt hatten, während einer sinnlichen und andächtigen Prozession und unter geruhsamen Zitherklängen der ›großen Göttin‹, ihrer Schutzpatronin, die ersten Rosen des Jahres dar.

Das war so etwas wie die feierliche Verkündigung des Frühlings und der Liebe. Bei einem anderen jener anmutigen, bukolischen Feste Italiens, dem der Dea Dia, der Göttin des Landbaus und der Felder, weihte die Bruderschaft der ›Arvales fratres‹ rosenbedeckte Brote auf den Altären, und wenn man nach dem Opfer auseinanderging und dabei das glückverheißende Wort ›Feliciter! Feliciter!‹ (›Glück und Heil!‹) rief, überschüttete man die Straßen und die Leute mit den Rosen, die durch die Berührung mit dem Altar geheiligt waren. Im Mai schmückte man alle Häuser mit Rosen. Und in den heidnischen Landgebieten gab es keinen Kolonen, der beim ersten warmen Hauch des Zephirs nicht einen Rosenstrauß an den Eingang seiner Hütte oder an den rohen Rumpf des Gottes der Gärten oder auch zwischen die Hörner Pans hängte.

Da die Philosophie dem Menschen bewies, daß seine Seele gleich den Göttern unsterblich sei, wurden nun diese Rosengehänge und -gewinde, die man bisher allein den Unsterblichen geweiht hatte, allmählich auch den Menschen dargebracht, vor allem den Frauen, des göttlichen Funkens wegen, der in ihnen glühte. Bald wurde die Rose zur offiziellen Blume der Liebe. Zum Kranz gebunden, legte man Rosen im kühlen Morgengrauen vor die Tür der Heißgeliebten, um das Haus als einen Tempel zu ehren und zu schmücken. Wurde der Rosenkranz ins Haus geholt, so bedeutete das ein süßes, verheißungsvolles Ja der Dame. Jene Rosen, die man geringschätzig vor der Haustür liegenließ, damit sie in Staub und Regen verwelkten, bekundeten das bittere Nein.

In einer Elegie hält Tibull einer herzlosen Dame vor, wie unermeßlich viele und teure Kränze er vergebens auf ihre Hausschwelle gelegt hatte. Diese Haufen verschmähter Rosen, die an den Türen der ehrbaren Matronen verfaulten, beunruhigten in jener Zeit, da in den römischen Häusern die machtvolle Tradition der Lucretias und der Porcias weiterwirkte, sogar die für die Straßenreinigung zuständigen Stadträte: Und die Tugend der Hausfrau brachte die städtischen Straßenkehrer zur Verzweiflung, die beinahe alle asiatische und (oh, welch eine Demütigung!) lusitanische Sklaven waren! Als dann der Staat und die Sitten verfielen, wurde jeder mit dem Namen (und der Adresse) des Verliebten an eine Tür gelegte Rosenstrauß von schönen, willfährigen Händen mit leidenschaftlichem Schwung ins Hausinnere gerissen.

Nun fand sich auf den Straßen keine Rose mehr, die einsam verwelkte. Der sittenstrenge Juvenal tobte; doch wie erholsam war das für die Stadträte – und für die Lusitaner, unsere Vorfahren!

Nicht nur die Liebeserklärungen wurden so, ganz ohne Worte, mit Rosen vorgetragen, vielmehr mußten Rosen in der kultivierten Gesellschaft auch bei jedem Liebesstelldichein für poetischen Glanz und Wohlgeruch sorgen. Die Dame, die in einem der Venus geweihten Hain oder einer Kammer des Marktviertels Velabrum ihren Geliebten treffen wollte, trug einen Rosenkranz in der Hand und eine einzige Rose am Gürtel, und wenn sie jenen erblickte, um dessentwillen sie sich an dem liebenswürdigen Gott Hymenäus versündigen würde, warf sie ihm

sanft eine Handvoll Rosenblätter ins Gesicht. Danach...

Doch gehen wir gedämpften Schrittes weiter, überlassen wir das Paar seiner Ekstase – und mögen ihm die Rosen Latiums leicht sein!

Wenn die Rose solcherart mit dem Liebeszeremoniell verbunden war, bestimmte sie doch auch in nicht minder verschwenderischer Fülle die bei Festmahlen befolgte Ordnung. Die Welt der Antike speiste inmitten von Rosen. Rosenkränze ruhten auf den kraushaarigen oder kahlen Häuptern der Gäste; Rosenschnüre hingen über der dunklen Tunika der Sklaven, um sie zu verschönern; Rosengirlanden an den rosenfarbenen Marmorwänden; den Boden wie ein Teppich bedeckende Rosen; mit Rosen bestreute Tafeln; im Wein schwimmende Rosenblätter; ein Rosenregen, der sich beim inbrünstigen, durchdringenden Klang der Lyren von den Dächern und Velarien ergoß. Selbst ein kärglicher Imbiß auf dem Lande kam nicht ohne eine Unzahl von Rosen aus. Der bescheidene und ehrbare Horaz findet sich damit ab, daß an seinem ländlichen Tisch alles fehlt, außer dem Duft und der Pracht der Rosen. »Ja, mein Dellius«, singt er, »genießen wir ein einfaches Mahl, im Schatten einer Pinie, ins sattgrüne Gras gestreckt, an einem murmelnden Bach, und es soll nur eine Schüssel und eine Amphore geben – doch Rosen im Überfluß!«

Rom war schließlich den Rosen als einem Laster verfallen – und das ganze Reich erstickte wonnevoll in ihrem Duft. Verres, jener Mann, gegen den Cicero solch hochberühmte Anklagereden verfaßte, konnte nur in einer breiten, mit maltesischen Rosen überladenen Sänfte reisen, während er selbst mit Rosen bekränzt war und Rosengewinde seinen Leib umhüllten, und in der Hand hielt er einen mit Rosen gefüllten netzartigen Beutel, den er sich jeden Augenblick ans Gesicht preßte, um bis in die tiefste Seele den Duft – die Seele der Blume – einzusaugen. Und ganz Rom gab sich den Rosen mit der Wollust eines Verres hin. Der überfeinerte Aelius Verus vermochte nur auf einem Rosenlager einzuschlafen. Andere Schönheitsanbeter verkleideten die Schlafgemächer vom Zedernholzfußboden bis zur Elfenbeindecke mit Rosen aus Paestum. Als Gallienus zum Kaiser ernannt wurde, ließ er jeden Morgen die Säle und Säulenhallen der Domus Palatina mit einer Rosenflut bestreuen! Der faszinierende Heliogabalus wälzte sich in seinen Anfällen animalischen Ästhetentums auf Rosenbergen und wühlte in ihnen!

Mit dieser verweichlichten und sinnenfreudigen Kumpanei setzte die arme Rose ihren guten Ruf gefährlich aufs Spiel. Da sie auf wenig keusche Lager gestreut, in den Amphoren bei orgiastischen Festen erniedrigt, in die Haare der Venusdienerinnen geflochten war, hätte sie durchaus als die Blume der Ausschweifungen in die Geschichte und das Gedächtnis der Moralisten eingehen können. Zum Glück für die Rose blieb sie trotz all ihrer Schwächen immer mit zwei ernsten und bedeutenden Sachverhalten verbunden: Krieg und Tod.

Es gab keinen Triumph ohne Rosen; und kein Begräbnis hätte von Trauer und Pietät gezeugt, ohne daß Rosen dabei an die Vergänglichkeit des Lebens erinnerten. Der Rosenkranz gebührte, sogar noch mehr als der Lorbeerkranz, jedem Schlachtensieger; und die erlauchte Blume belohnte unzählige Male die Rettung des Staates. Wenn die siegreichen Galeeren in den Hafen einliefen, war ihr hoher Bug mit Blumengirlanden geschmückt. Und bei den Triumphzügen bekundete man seine Freude auch mit

einem endlosen Rosenregen, der von allen Terrassen auf den langsam zum Kapitol rollenden Wagen herabfiel.

Für die Toten war die Rose jene Blume, die ihnen Trost spendete. Der Leib wurde wie bei einem letzten Hochzeitsfest mit Blumen bedeckt: Und die liebevolle Anhänglichkeit der Verwandten und Freunde ließ die Gräber nie ohne Rosenbüsche, die sie mit Blüten zierten... Das Fest der ›Parentalia‹, das zum Gedächtnis der Toten gefeiert wurde, fiel in den Mai, damit die Rosen schon aufgeblüht waren; man trug sie nach dem Leichenschmaus in Körben herbei und entblätterte sie langsam auf den Gräbern. Die Hoffnung jener, die den Tod nahen fühlten, war, daß es auf ihrem Grabstein nie an Rosen fehlen würde. Damit ihre Manen diesen Trost nie verlieren sollten, hinterließen viele ein stattliches Vermächtnis.

Die Dame Claudia Severa bestimmte in ihrem Testament die Summe von zwölf Sesterzien dafür, daß die Rosen auf ihrem Grabhügel immer die schönsten Kampaniens sein sollten. Und wer nicht reich war, ließ auf dem Grabstein eine Bitte einmeißeln, die den Wanderer um das mildtätige Almosen einer Rose ersuchte:

In Lissabon wurde ihm ein weißmarmornes Denkmal errichtet, das ihn zeigt, wie er ein nacktes schönes Weib aus dem Stein erlöst oder erschafft. Das gilt dem Schriftsteller, der, ähnlich dem Flaubert der »Madame Bovary« und dem Zola der »Nana«, in seinen Romanen und Erzählungen die Literatur – und die portugiesische Frau – aus sentimentaler Betrachtung und moralisierender Konvention befreit hat. Eine weitverbreitete Farblithographie andererseits zeigt ihn karikierend mit eingeklemmtem Monokel, dandyhaft auf einem Kanapee; seine Miene ist nicht anders als sarkastisch, süffisant zu nennen.

Zwischen diesen beiden Polen – schöpferische Einfühlung und äußerste Ironisierung – bewegt sich das Bild Eça de Queiroz' (1845-1900), *des* portugiesischen Erzählers schlechthin. Eça war mit allen Fasern Schriftsteller, und das heißt bei seinem Temperament und den Umständen seiner Zeit: zugleich Feuilletonist. Regelmäßig schrieb er für Zeitungen und Zeitschriften. Bereits zwanzigjährig begann er seine journalistische Tätigkeit für die *Gazeta de Portugal* und blieb auch weiterhin diesem Medium verbunden. So wird *As rosas* im Jahre 1893 in der *Gazeta de Notícias* in Rio de Janeiro veröffentlicht. Der Text entstand in einer Zeit, da Eça die strengen Dogmen des Naturalismus überwunden hatte, neben zahlreichen anderen Erzählungen, die sehr vielfältige, auf Mythen, Heiligenlegenden,

Sagen und mittelalterlichen Geschichtsepisoden beruhende Themen behandeln.

Mit raschem Strich zeichnet Eça aus einem teils liebevoll zugewandten, teils aber auch ironisch distanzierten Blickwinkel aufs lebendigste die Geschichte der Königin der Blumen, entfaltet vor uns ihren Werdegang von der Lieblingsblume der Aphrodite bis hin zum Wahrzeichen des Sozialismus. Er entdeckt uns die göttliche Natur der Rose, enthüllt sie uns als Blume des Frühlings und der Liebe, aber auch des Krieges und des Todes. Dieser Blume, »die nacheinander hellenisch, heidnisch, kaiserlich, feudal, katholisch und mystisch war«, widmet Eça de Queiroz (nach neuer Schreibweise: Queirós) das vorliegende Bändchen, wobei es ihm gelingt, auf seiner Zeitreise den Leser mit gewandter Leichtigkeit in Bann zu ziehen.

»Sparge, precor, rosas, supra mea busta, viator!«
(»Bitte, streu Rosen auf mein Grab, o Wanderer!«)

Da die Rose somit diese edlen Aufgaben als Blume des Ruhms und als Blume der Pietät bewahrte, entging sie der Geringschätzung der Moralisten. Was sie indes wirklich rettete, war die Literatur. Gerade weil die Dichter sie so sehr liebten, sahen sie sich veranlaßt, die Rose, diese Königin der Anmut in der Natur, mit der Frau zu vergleichen, die auch eine Königin der Anmut und außerdem die Blume der Menschheit ist. Deshalb wurde die Rose um ihrer Knospe willen von den griechischen Lyrikern zum Sinnbild der Unschuld erklärt. Doch dabei mußte sie einen verzweifelten Kampf mit der weißen Lilie bestehen. Und dieser Wettstreit zwischen den beiden edlen Blumen, der sich bereits im alten *Hymnos an Demeter* ankündigt, da beide das Privileg für sich beanspruchten, in der Kunst jungfräuliche Makellosigkeit und Frische zu verkörpern, endete erst wirklich in der lateinischen Dichtkunst, in der die Lilie endgültig die jungfräuliche Reinheit und die Rose das noch schamhafte, doch schon verliebte und inbrünstige Erröten symbolisierte. Seitdem gab es keine weibliche Schönheit oder Tugend mehr, die man nicht mit der Rose verglichen hätte, so daß sie durch die Poesie zum Inbegriff und Archetyp der Vollkommenheit wurde, in der sich alles vereint, was Auge und Seele entzücken kann. »Sie ist«, werden die Dichter sagen, »die Versuchung der Sterblichen, die Zierde der Erde, der Liebling der Grazien, die Freude der Götter...« Somit hat die Rose, noch vor der Heiligen Jungfrau, ihre eigene kultisch verehrende Litanei. Philostratos erklärt sie mit entsetzlicher Emphase zum ›Auge der Welt‹. Ein anderer, der seine Worte sorgfältiger wählt, spricht von ihr als dem ›Gestirn der Blumen‹.

Die Schönheiten der Natur selbst, sogar die am wenigsten handgreiflichen, werden mit der Rose und ihrer anbetungswürdigen Farbe verglichen. ›Rosig‹ sind die berühmten Finger, mit denen Eos-Aurora in siebzehn Jahrhunderten der Poesie die Tore des Morgens öffnete. Rosig ist der Dunst, der von den Sonnenpferden aufsteigt, wenn sie in ihrem funkensprühenden Galopp dampfen. Und ›rosig‹ ist auch noch der Wagen, in dem der Mond schweigend am Nachthimmel dahinrollt... Wenn die lateinischen Dichter irgendeine Wesensform ihrer Stärke, ihres Glanzes oder ihrer Anmut wegen loben wollen,

geben sie ihr tatsächlich den Beinamen ›rosig‹. Für Valerius Flaccus ist ein schöner Jüngling ›rosig‹. Als Claudianus von den Ufern des Durius (Douro) beeindruckt ist, bezeichnet er sie sogleich mit dem unerwarteten Epitheton ›rosig‹ – wo er doch deutlich sehen mußte, daß sie, die aus Granit und kahlen, sonnenverbrannten Tälern bestanden, gräulich oder bleifarben waren.

In Dichtung und Leben zeigte Rom also eine schwärmerische Schwäche für Rosen. Damit diese Leidenschaft befriedigt werden konnte, hatte sich ganz Italien mit Rosenhainen bedeckt. Die berühmtesten Rosen blühten in Paestum, Praeneste und Kampanien, denn sie waren die rötesten und dufteten am stärksten. Doch selbst am Meeresufer, bis zum sizilianischen Tauromenium (Taormina), war die ganze Küste ein schöner Rosengarten. Das alternde Reich erstickte in Rosen. Und in der Ferne, jenseits der Grenzen an Rhein und Donau, blähen schon Hunnen, Awaren und Wandalen in ihren niedrigen Hütten am Rand der Moore, unter einem grauen Himmel, die begierigen und brutalen Nüstern, um jenen unermeßlichen Wohlgeruch der römischen Rose wahrzunehmen...

## III

Noch bevor die Barbaren einfielen, machte indes die Rose bereits eine schwere Krise durch: ihre christliche Krise.

Da sie als Blume der Götter an allen heidnischen Fleischeslüsten beteiligt war, mußte sie unausbleiblich den Argwohn der ersten Kirchenlehrer erregen, die zusammen mit der neuen Lehre auch die neuen Sitten festlegten.

Das Christentum war am Anfang eine traurige, armselige und nackte Religion. Seine Zusammenkünfte fanden nachts in Höhlen, auf Friedhöfen oder in engen Kammern an dunklen Straßen statt – und die Gläubigen, in schäbige Tuniken gehüllt, mit wirren Haaren, schmutzstarrend infolge ihrer übermäßigen Vergeistigung, kamen weniger dorthin, um die Verheißungen des Himmels zu feiern, sondern beseufzten weitaus mehr die Leiden und die Bosheit der Welt. Bei ihren gemeinsamen Mahlzeiten, den berühmten ›Agapen‹, die sie regelmäßig begingen (sie entstammten nämlich beinahe alle den Handwerkerbruderschaften, in denen das Gemeinschaftsmahl der am liebsten gepflegte Brauch war), wechselte Trübsinn mit heftigen Ausbrüchen ab, und Brot sowie Bratfisch – das Festessen des einfachen Volkes in allen Städten am Mittelmeer – wurden unter verzweifelten Wehklagen oder bei wütenden theologischen Streitigkeiten heruntergeschlungen, wenn wir den Berichten des heiligen Paulinus und des heiligen Cyprianus glauben dürfen. Selbst die Liebe, mit der die heidnische Sinnlichkeit von der neuen Mystik übersteigert wurde, war bei ihnen grabesdüster – und als deren Lager dienten beinahe immer die Steine auf den Friedhöfen. Da die Lehre auf dieser wesenhaften Trauer beruhte, gab es in ihr tatsächlich keinen Platz für die heitere Rose des Bacchus und der Venus. Und die Folge war selbstverständlich, daß sie, ihre Blütenblätter, ihre Farbe und ihr Duft aus der Kirche verbannt wurden, die also inmitten von Tränen entstand. Mit der ganzen Schärfe seines afrikanischen Lateins wetterte Tertullian in dem bitteren Pamphlet *De Corona* (›Über den Kranz‹) als erster gegen alle Sträuße und Kränze, diese Wahrzeichen der Lust und Festesfreude. Bald danach greift der heilige Clemens von Alexandrien in seinem *Paidagogos* (›Der Erzieher‹) die Rose als die große See-

lenverderberin direkter an. Der alte Prudenz nennt stolz als Beweis für seine Tugend, daß er die Rosen verachtet, »hic mihi nulla rosae spolia« (»hier auf Erden habe ich keine einzige Rose geraubt«), und er beglückwünscht jene als wahre und treue Diener Gottes, die sie als giftige Pflanze vernichten. So wappnet sich die ganze Kirche – und hetzt die wortgewaltige Schar ihrer Lehrer gegen eine schwache und zarte Blume.

Glücklicherweise bewahrte sie sich in jenen ersten Zeiten den Schutz und die ganze Zuneigung der Kaiser und Oberpriester. Noch war sie die Blume des Senats und des römischen Volkes. In allen weltlichen und religiösen Einrichtungen hingen die prächtigen Girlanden aus Paestum ... Doch da sieht Konstantin eines Abends, bei Cremona, als er gegen Maxentius marschiert, über der untergehenden Sonne das Kreuz, jenes berühmte, ganz goldene Kreuz, das die göttliche, in goldenen Lettern geschriebene Verheißung mit einer Aureole umgab: »In hoc signo vinces!« (»In diesem Zeichen sollst du siegen!«) Ein unseliger Abend für die Rosen! An ihm begann nun wirklich die wilde Flucht der Götter. Ein paar Jahre danach wird es in Italien keinen freien und sicheren

Tempel mehr geben, in dem man der Venus eine Taube darbringen kann. Jesus von Nazareth (oder vielmehr der Jesus des Konzils von Nicaea), der bisher verfolgt wurde, in den Katakomben und im Dunst der Friedhöfe umherirrend, hat sich in der Domus Palatina eingerichtet, erläßt Verordnungen im Senat – und über dem Kapitol ragt schwarz ein neues, ein eisernes Kreuz empor. Zerstört wird eines Morgens unter der Leitung des Theodosius die letzte Zufluchtsstätte des heidnischen Glaubens und des römischen Partriotismus, der Altar der Victoria, worüber die Bischöfe, die mit ihren schon unbarmherzig harten Krummstäben auf die Marmortrümmer einschlagen, ihre unermeßliche und haßerfüllte Freude äußern. Im Himmel, der von den letzten Ambrosiaflecken reingewaschen ist, triumphieren die Jungfrauen und die Märtyrer. Und auf Erden schließlich entflieht die letzte Nymphe den Feldern Latiums, während sie die letzte geweihte Rose am Busen verborgen trägt.

## IV

Ganz gewiß war dies eine schreckliche Krise für die überaus beklagenswerte Rose. Doch es nahte eine andere, tiefere, beinahe tödliche Krise – denn an allen Ecken zerfiel der starke Bau des Römischen Reichs, und es drangen die Barbaren ein. Bisher war die Rose eine arme, vernachlässigte Blume, die man schmachvoll von den Altären und aus den öffentlichen Einrichtungen entfernt hatte. Während Jupiter persönlich sie einst im Rat der Götter zur Königin der Blumen erklärt hatte (wie Ausonius versichert), hatte sie nun ihren Thron verloren und fiel in den Schattenzustand einer wildwachsenden Blume zurück. Doch wenigstens blühte sie friedlich in den Ziergärten und auf den Wiesen weiter, wo der alte Zephyros sich abends getreulich einstellte, um mit ihr über vergangene Glanzzeiten zu plaudern. Am frühen Morgen schnitten die Oberpriester sie nicht mehr mit ihrer silbernen Sichel, um die Altäre der Aphrodite mit ihrem Duft angenehmer und noch heiliger zu machen. An den Tagen des Triumphes, da sie einst die Stirn eines Cäsar oder eines Aemilius

Paullus (oder sogar eines siegreichen Wagenlenkers im Zirkus) umkränzt hatte, kam ihr in Rom kein Anteil mehr an den Jubelfeiern zu.

Und nie wieder gelangte sie fortan in die Domus Palatina! Doch sie lebte, war rotwangig und gesund (was das höchste Gut für jede Blume ist, die das Leben richtig und naturgemäß versteht) – sie ließ sich wie in ihren glückseligen Zeiten vom Morgentau zärtlich streicheln, und an den langen und geruhsamen Küssen der Sonne konnte sie fühlen, daß Phöbus ihr seine beständige Liebe bewahrte.

Nun aber war die arme Rose in ihrer leibhaftigen Existenz bedroht – mit ihrer Wurzel, ihrem Samen und allen Blütenblättern, die früher vom Hauch der Götter umkost wurden. Zahllos und zerstörerisch fielen die Barbaren ein. Es war, als stürmten Herden wilder Stiere in aufeinanderfolgenden Wellen wütend durch die schutzlosen und offenstehenden Tore des Palastes der Kultur. Drei Jahrhunderte lang hörte man in der Welt nur das trübselige Getöse des in Stücke zerfallenden großen griechisch-lateinischen Bauwerks. Hunnen, Finnen, Sigambrer, Westgoten, Sueben, Ostgoten – Horden folgten auf Horden – rollten vom Norden und vom Osten heran, prallten aufeinander, rissen in rasender Wut einen Fetzen der antiken Gesellschaft nach dem anderen heraus.

Wer vermag die unvergleichliche Katastrophe zu schildern? Friedliche und gesittete Völker verschwanden vollständig wie leergefegte Ameisenhaufen. Helle, prächtige, ruhevolle Städte waren nur noch rauchende Aschenhaufen. Von den Feldern, die man so kenntnisreich den Vorschriften Varros und Columellas entsprechend bestellt hatte, blieben nichts als Einöden übrig, wo hungrige Hunde heulten. Das ganze Wissen, die ganze Kunst ruhten ausgelöscht, zertrampelt, wie Fackeln unter den Tritten brutaler Füße. Wohin entwichen die armen Rosen in dieser unermeßlichen Katastrophe? Wenn das Gras Galliens, das so ausdauernd und zäh war, unter den Füßen der Stute Attilas verdorrte, wie konnten dann die Rosen widerstehen? Dreihundert Jahre danach blieb kein Garten in ganz Italien übrig. Wie sollten sich auch Gärten erhalten, wenn es schon keine Saatfelder mehr gab? Nach einem Zeitraum von fünfzig Jahren kamen stets vierzig Hungerjahre. Jahre eines solch schlimmen Hungers, daß man Menschenfleisch aß. Und durch diese maßlos unglückliche

Welt, die gewiß zugrunde gehen würde, zogen sie immer wieder durch die verheerten Täler, sie, in langen Reihen, mit hochgereckten Speeren, während ihre starken und weißhäutigen Weiber sich in kreischenden Wagen zusammendrängten und die Jagdhunde bellten – sie, die struppigen, stinkenden, mit blutverschmierten Lumpen bekleideten Barbaren, wogten hin und her.

Als sich die Barbaren so in den Tälern hin und her wälzten, erblickten sie auf den Höhen immer wieder dicke und düstere, von einem Kreuz überragte Mauern. Klöster waren das. In den ersten Zeiten stiegen jene auf die Berge hinauf und schlugen die Tore mit Axthieben ein. Als sie später bekehrt waren, knieten sie auf den Steinplatten nieder und berührten andächtig die heiligen Reliquien. Innerhalb dieser Mauern, in die sie gewaltsam eingedrungen oder ehrerbietig und furchtsam eingetreten waren, entdeckten sie stille Bogengänge und Männer mit bleichem, unter einer Kapuze verborgenem Gesicht, die Linien auf Pergamente zeichneten, dann eine dunkle Kapelle und im Hintergrund, jenseits des Brunnens, einen Garten, wo sich inmitten von Gewürz- oder

Heilkräutern ein mit roten Blüten bedeckter Strauch erhob, den die Barbaren nicht kannten.

Es war die Rose – die griechisch-römische Rose, die in der ungeheuren Katastrophe bei den Mönchen eine sichere und angenehme Zufluchtsstätte gefunden hatte. Dort, in der Abgeschiedenheit der Klöster, war sie zusammen mit jenen anderen Überresten der großen zerstörten Kultur versteckt: den Pergamentrollen, mit denen sich die Mönche gedankenversunken beschäftigten, die sie immer wieder lasen und kopierten. So hatten sich der Ruhm und die Anmut der antiken Gesellschaft bewahrt – und die Rose hatte durch die Fürsorge der Kirche zusammen mit dem diese Blume besingenden Horaz überlebt.

Wonnevoll rochen die Barbarenführer an jener einzigartigen Blume. Und nachdem sich später, im 9. und 10. Jahrhundert, die letzte Invasion wie eine ersterbende Woge beruhigt hatte und als man nun danach strebte, aus der Barbarei in geordnete Verhältnisse überzugehen, als Marktflecken entstanden und die Anführer auf den Höhen, neben den Klöstern oder ihnen gegenüber, ihre festen Burgen errichteten, vergaßen sie nicht, aus dem Klostergarten jene Blume mit der schönen Farbe und dem köstlichen Wohlgeruch zu holen, die sie entzückt hatte. Die Merowingerherrscher, die römische Lebensart bewunderten, entwarfen und gestalteten als erste den neuen Garten der Feudalzeit. Und bereits im 10. Jahrhundert feiert der Dichter Fortunatus die Rosengärten der Königin von Austrasien: Sie seien im Monat Mai ganz mit Rosen bedeckt, »die einen solchen Duft verströmten, als kämen sie aus dem Paradies!« Schließlich marschiert Karl der Große nach Italien und zieht in Rom ein, und dort wird ihm die Offenbarung der Künste, der Paläste, der Herrlichkeiten und Köstlichkeiten des Lebens zuteil.

Er läßt seine Residenzen in Ingelheim und Aachen mit Säulenhallen, Weinbergen und Gärten schmükken. Und endlich, von der Begeisterung getrieben, ordnet der große Kaiser mit dem blütenweißen Bart sogar in einem Kapitulare die Rosenzucht an!

Nun dringt die Rose also unter der Schirmherrschaft des mächtigen Kaisers des Abendlandes in die feudale Welt ein. Mit neuem Glanz setzt sie ihren Ruhmesweg fort. Schon hat jeder Herrensitz, selbst in den Städten, schöne Rosenbeete. Sie ist die Blume des Adels, wie sie auch die des Königtums wird, als

Ludwig XI. (der gleichwohl nicht im dem Ruf steht, für die Reize der Natur empfänglich zu sein) überallhin Boten ausschickt, um Rosen und Knospen zu suchen: »querir des roses et des boutons«. Die großen Herren, die damals die Mode bestimmten, ein Thibaut – er war Graf der Champagne – oder ein René von Anjou, umgeben ihre Schlösser mit dichten Rosenhainen. Vor allem die Damen verehren die ihnen neue Blume. Im ›Verger‹ (›Lustgarten‹), zwischen den Rosenbüschen, spielen sich alle Liebesgeschichten des Mittelalters ab. Und damit ihr Leben mit liebevoller Fürsorge gepflegt und geschützt wird, verfaßt der große Meister der Wissenschaften, der vortreffliche Albertus Magnus, eine Abhandlung über die Rose.

Da die »Rosen zum Dienen geschaffen sind«, wie schon Hesiod sang, pflücken die Damen und Dienerinnen sie bald körbeweise in den Gärten, um die Hochzeitsteppiche zu bestreuen und die Festtafeln zu schmücken. Die Rose nimmt tatsächlich wieder ihr heiteres römisches Leben auf: Und sie hätte möglicherweise gedacht, daß die Barbaren nur ein Traum gewesen wären und daß sie sich immer noch im Haus des Maecenas oder des Lucullus befände,

wenn die Bärte, Manieren und Gespräche wie auch die dicken Fleischbrocken in ihrem neuen Lebenskreis nicht derart kulturlos und roh gewirkt hätten. Doch wenigstens die Liebe zu den Rosen ist schon so lebhaft und aufrichtig wie in Rom. Als Strauß, als Kranz, einsam oder entblättert, verschönt und durchduftet sie das ganze gotische Leben. Als sich die Menschheit nach siebenhundertjähriger Schweinigelei endlich wieder badet und in den Schlössern der höfliche und vorsorgliche Brauch aufkommt, den Gästen, die in staubbedeckten und lärmenden Reitergruppen eintreffen, ein Bad anzubieten, werden rote und weiße Rosenblätter auf das Wasser in den Badewannen gestreut. Eine weitere, sich allgemein verbreitende Mode ist die der ›Rosenhüte‹, wahrhaftiger Turbane aus Rosen, die sich die Damen beim Tanz, die Troubadoure bei den Turnieren, die frohe Neuigkeiten bringenden Boten und alle Bauern am ersten Tag des Mai aufsetzen. Bei den königlichen Banketten hatte sich der Konnetabel mit Rosen bekränzt, wenn er den König bediente. Die Paare halten bei den Tänzen des 12. und 13. Jahrhunderts Rosensträuße, die sie im Takt der Schalmeien und Flöten austauschen. Eine der am eifrigsten eingetriebenen feudalen Abgaben war der Rosentribut, denn die Lehnsleute und Pachtbauern mußten in jeder Sommerwoche dem Schloßverwalter die Blumen in übervollen Körben bringen. Viele Edelleute, die Nonnenklöstern für ihre Ländereien zinspflichtig waren, bezahlten Rosenkränze und -sträuße als Pachtzins am Johannistag. Bei den Turnieren war die Rose ebenso unentbehrlich wie die Lanze: Mit ihr schmückte man die Tribünen der Damen, mit ihr umkränzte man die Helme der Sieger. In der Provence und in Spanien gab es sogar die berühmten ›Rosenturniere‹, galante Kämpfe, bei denen Damen und Ritter einander zärtlich und beherzt schwere Rosensträuße zuwarfen. Selbst im politischen Leben und in den Rechtsbräuchen fand die vielgeliebte Blume ihren Platz. Eine alte Sitte, die sich bis ins 16. Jahrhundert erhielt, verpflichtete die französischen Herzöge und Pairs, dem Pariser Parlament am 1. Mai einen großen Rosenstrauß auf einem silbernen Tablett darzubringen. Dieses Ehrengeschenk, das ›Baillée des Roses‹ (›Rosengabe‹) hieß, war das Sinnbild der juristischen Oberhoheit des Parlaments. Was soll ich noch erzählen? ... Die Rose hatte die Barbaren bezwungen: Und nun, da sie die Zerstörungen der Vergangenheit überwanden und mühsam eine eigene Kultur gestalteten, bestreuten und durchdufteten sie diese überall mit Rosen.

## V

Ich möchte noch von ihrem triumphalen Einzug in den Kirchen erzählen, aus denen Clemens und Tertullian sie als Heidin ausgeschlossen hatten und wo sie jetzt die Altäre bedeckt, die Prozessionen beherrscht, das Ritual prägt, den heiligsten Festen ihren Namen gibt und so sehr zum Inbegriff des Dogmas wird, daß ihre Blüten in Rom, beim Fest der Himmelfahrt Christi, oben in der Kirche Santa Maria Rotonda vom Papst eigenhändig entblättert wurden und die Gaben des Heiligen Geistes darstellten.

Ich möchte von ihrer eigenen Himmelfahrt erzählen... Denn als Vollendung ihrer Apotheose kommt die Rose in den katholischen Himmel! Da sie eine Blume von ursprünglich göttlicher Natur ist, wie der Autor der *Geoponica* wissenschaftlich bewiesen hatte, bleibt es nicht aus, daß sie von allen Göttern, die in den Höhen aufeinanderfolgen, adoptiert wird, und sie wird von Maria und Jesus ebenso bereitwillig angenommen, wie dies Demeter und Apollon früher getan hatten. Die neue Religion beanspruchst im Gegensatz zur alten sogar das ehrenvolle Privileg für sich, der Rose das gegeben zu haben, was sie an Schönstem hat: ihren Duft und ihre Farbe. Und es ist der heilige Ambrosius, der große Sankt Ambrosius, der sich in seinem *Psalmenkommentar* dafür verbürgt, daß die Rose rot sei, weil das Blut des Herrn Jesus Christus selbst auf sie herabgetropft wäre! Nun ist es also nicht das Blut der Venus, das in Syrien die Rosen rotgefärbt hat, es ist das Blut Jesu, das sich vom Kalvarienberg über die Welt ergoß!

Noch eindeutiger und entschiedener ist jedoch der heilige Bernhard. Der erlauchte Mönch von Clairvaux behauptet (und keiner ist tiefer als er in die Geheimnisse des Himmels eingedrungen), daß die Rosen Christi Wundmale sind. »Betrachtet«, ruft er in einer seiner *Homilien über das Evangelium*, »jenen Glanz und jene Purpurfarbe der Rosen! Worauf läßt sich das zurückführen, wenn nicht darauf, daß das Blut des Heilands auf sie herabgetropft ist? Seht! Der göttliche Leib trägt so viele Wundmale, wie es Rosen gibt! Erkennt ihr nicht die aufblühenden Rosen an seinen Füßen, an seinen durchbohrten Händen? Die größte Rose aber wächst aus der seinem Herzen geschlagenen Wunde!«

Und obwohl die Rose deshalb zunächst die Blume Christi ist, wird sie doch bald (wie auf dem Olymp) zum bevorzugten Eigentum dessen, was im katholischen Himmel am zartesten, mildesten und liebreichsten ist: die Jungfrau Maria. So war sie denn vorzeiten vom Untergang bedroht, weil sie als die der Venus vorbehaltene Blume erschien. Vom Mittelalter bis zur Renaissance entfernen alle Mystiker die Rose allmählich aus dem Herrschaftsbereich Jesu, um sie ganz Maria zu weihen. Seit dem 14. Jahrhundert ist die Rose das Symbol der Königin der Engel. Maria hat fortan keine treuere Gefährtin und kein glanzvolleres Sinnbild. Wenn sie sich den Menschen zeigt, sprießen Rosen unter ihren Füßen.

Keine Sterne mehr, sondern Rosen krönen ihr Haupt. Als sie gen Himmel fuhr, bedeckten Rosen das Grab, das sie zurückließ: Und sie ist wahrhaftig die Rose, die von jedem Tod wiedergeboren wird.

In den ekstatischen Blicken der Frommen verschmelzen die irdische Blume und die himmlische Mutter sogar ganz. Die Heilige Jungfrau wird aus dem Blütenkelch der Rose geboren, und von ihr empfängt sie all ihre Tugenden. Sie ist die Rose ohne Dornen, sie ist die Rose aller Rosen. Und bald wird die Kirche, als sie das Wesen der Heiligen Jungfrau endgültig bestimmt, sie zur ›Rosa mystica‹ – zur ›geistlichen Rose‹ – erklären!

Nun ist die Rose also zur Göttin geworden, die auf dem Altar thront. Und was soll man nach einer solch glorreichen, höchsten Apotheose noch über diese Blume und ihren herrlichen Triumph sagen? Als Knospe unter den Füßen der Venus geboren, erblüht sie jetzt am Busen Marias! Ihre ruhmreiche Geschichte reicht von einem Himmel zum anderen.

Diese wunderkräftige Blume verschönt die Liebe, tröstet im Tod. Mit ihr werden jene bekränzt, die im Krieg triumphieren, und jene, die in der Kunst triumphieren. Die Cäsaren hatten sie zur Blume des Staates und die Päpste zur Blume der Kirche erhoben. Ohne ihren Wohlgeruch ist jedes menschliche Fest unvollständig. Von Homer bis Hugo hat kein großer Geist seine Erdenlaufbahn vollendet, ohne sie ehrfürchtig zu besingen. Nur sie bewirkt in Wahrheit die Wunder und Zeichen, von denen Apollons bis zu denen des heiligen Franziskus von Assisi. Jeder Gott, der sich des Himmels bemächtigt, beansprucht sie sogleich, vermittelt ihr seine Göttlichkeit und erhält durch sie menschliche Züge. Und vom

Morgen- bis ins Abendland verkünden und überliefern alle Kulturen nacheinander den großen Kult der Rose. Welch wunderkräftige Blume!

Und welch zutiefst eigennützige und arglistige Blume! Schon sehe ich, daß am Ersten Mai, der allmählich zum großen Feiertag des Proletariats wird, die Rose ruhig und zufrieden von den schwieligen Händen der feiernden Arbeiter gehalten wird. In den Gärtchen der englischen und französischen Bergleute blüht zwischen demokratischen Salatköpfen schon unablässig ein üppiger und verheißungsvoller Rosenstock. Bei allen Meetings und Streiks ist es üblich, daß die Rose an der Jacke der Arbeiterführer prangt oder daß sie als gesticktes Bild und bereits mit der Autorität eines Wahrzeichens auf den Vereinsfahnen erscheint... Und ich sehe voraus, daß diese geschickte und intrigante Blume – die nacheinander hellenisch, heidnisch, kaiserlich, feudal, katholisch und mystisch war, die sich die Gunst der Helden, Senatoren, Cäsaren, Barone, Päpste und Heiligen gewann und deren Macht teilte, die sich listig mit Venus identifizierte, als Venus mit ihrem Gürtel die ganze Welt umspannte, und die sich hierauf mit der Jungfrau Maria identifizierte, als es nun die Heilige Jungfrau war, die ihre Füße auf einen Erdkreis setzte – sich einer langsamen Bekehrung unterzieht, sich nach und nach bei der heraufdrängenden, neuen und schrecklichen Macht einschmeichelt und sich mit ihr verbindet, sich mit ganzer Kraft vorbereitet und sich noch intensiver rötet, damit sie offiziell und rituell dies wird: die Blume des Sozialismus.

*Gazeta de Notícias, 1893*